L'AN 1862

PAR

ANDRÉ LAVERTUJON

BORDEAUX

IMPRIMERIE G. GOUNOUILHOU

ancien hôtel de l'Archevêché, rue Guiraude, 11.

1863

AVERTISSEMENT.

Le travail que l'on va lire n'est pas inédit : il a déjà paru dans la *Gironde* du 1er janvier ; le *Courrier du Dimanche* ayant eu l'obligeance de le mentionner élogieusement et d'engager ses lecteurs à se le procurer, j'ai reçu en assez grand nombre des lettres auxquelles il m'a fallu répondre par des refus. C'est ainsi que m'est venue l'idée d'une réimpression, et que d'un article de journal très long, je me suis décidé à faire une brochure très courte.

A. L.

L'AN 1862

L'année 1862, qui aura pris fin avant que nous n'ayons posé la plume, a pour principal caractère l'indécision, l'irrésolution, l'inachèvement. Elle abonde en choses commencées qui se termineront Dieu sait quand, en solutions promises ou tout au moins attendues, et qui paraissent plus que jamais lointaines et problématiques. On y rencontre à chaque pas des compromis, des demi-mesures, beaucoup de contradictions, pas un seul acte bien arrêté, bien accentué. Certes, si les ruses, les tergiversations, les manœuvres souterraines susceptibles d'une double et même triple explication selon le besoin, constituent des titres à l'attention de l'histoire, l'année 1862 mérite qu'on lui donne la première place. Or, précisément parce que les douze mois qui viennent de s'écouler manquent de dessin et de netteté, nous croyons de notre devoir d'essayer d'en présenter le tableau. En rapprochant dans un petit espace les germes de volonté, les fragments de projets, les débris de plans conçus et non réalisés, les théories mises en avant puis désavouées, les principes proclamés et aussitôt mis à l'écart, peut-être ferons-nous jaillir de cet amas de faits mal liés et dépourvus de conclusion quelques utiles enseignements. Il y a telle année qu'on pourrait résumer d'un seul mot et qu'on n'a qu'à nommer en disant : Voyez; et aussitôt un ensemble complet, vivant et décisif se présente aux esprits. 1862 n'est pas de ces années-là.

Il ne faut pas juger de l'avenir des nouveaux-nés par les circonstances qui entourent leur berceau. On s'expose à de trop durs mécomptes. Quand 1862 se présenta dans le monde, les auspices étaient hautement favorables : paix, réformes, économie, liberté, ces paroles retentissaient partout. M. Fould venait de dénoncer courageusement la dangereuse pente où nous avaient placés des prodigalités irréfléchies, provoquées par « l'entraînement du bien. » Il annonçait une organisation sérieuse du contrôle législatif et un parti-pris bien arrêté de réduire les dépenses. La nouvelle de l'arrangement du conflit suscité par l'affaire du *Trent* faisait évanouir les cruelles inquiétudes que la crainte d'une guerre maritime générale, s'ajoutant à une guerre civile déjà bien douloureuse, avait causées aux amis de la civilisation et de l'humanité. Nous allions au Mexique; mais nous y allions de concert avec l'Angleterre et l'Espagne, en y employant à peine deux mille soldats, et nullement disposés à faire une longue campagne, comme le prouve le manque du matériel indispensable en pareil cas, attesté par les documents qui ont été publiés depuis. Il s'agissait simplement d'obtenir la réparation de certains griefs et le paiement de certaines dettes. Nous étions toujours à Rome; mais les dépêches de M. de Lavalette, venant à l'appui des discours prononcés l'année précédente par M. Billault en faveur du droit des Romains à choisir leur gouvernement, laissaient prévoir une très prochaine évacuation de la ville éternelle par nos troupes. La réduction de l'effectif de l'armée, seul moyen efficace de diminuer les gros chiffres du budget, paraissait avoir été entamée justement par le rappel d'une partie de la garnison romaine. Enfin, en consultant nos calepins de notes pour les premiers jours de janvier, nous y trouvons un fait qui aurait pu devenir une grande date dans les fastes du haut enseignement en France : la nomination de M. Ernest Renan à la chaire d'hébreu.

C'est ainsi que s'ouvrait l'an 1862. On va voir comment il a tenu les promesses de son début.

I

La place que la question italienne tient dans nos préoccupations depuis 1859 a souvent paru excessive, et nous-même nous avons été amené plus d'une fois à déplorer cet oubli persistant de nos propres affaires au bénéfice de celles d'un autre pays. Mais sans amnistier les écrivains qui, se montrant aujourd'hui encore plus Italiens que Français, abandonnent toutes les questions intérieures pour ne voir que ce qui se passe à Turin ou à Rome, il est permis de reconnaître que l'attention presque exclusive accordée aux affaires d'Italie est légitime. Ce mot « affaires d'Italie, » en effet, contient la question romaine, la question religieuse; il implique les destinées du catholicisme en tant qu'organisation politique, et la France est une nation composée en majorité de catholiques. De là cette agitation, ces passions que nul autre sujet ne soulève à un égal degré. Qui eût pu croire, par exemple, qu'après de longues années de silence, la parole rendue à la tribune serait principalement employée à discuter la politique du gouvernement vis-à-vis de Rome?

Au commencement de 1862, le cabinet italien était dirigé par un homme que la voix unanime de ses compatriotes avait désigné comme le successeur de M. de Cavour. M. de Cavour, on s'en souvient, était mort au moment où il se croyait près de résoudre la question romaine au profit de l'unité. Dans sa succession, M. Ricasoli n'avait guère recueilli que cette idée : Rome capitale du royaume d'Italie. D'une nature ferme, peu flexible, le nouveau directeur des destinées de la Péninsule insista sur ce programme avec ténacité et obstination, le reproduisant sous toutes les formes et en toute occasion. C'est lui qui fit voter par le Parlement l'ordre du jour qui décrétait l'installation du gouvernement central dans la ville éternelle, comme autrefois la Convention décrétait la victoire longtemps avant que la bataille fût engagée. Nous ne dirons rien d'indiscret en rappelant que M. Ricasoli était peu sympathique à Victor-Emmanuel et très froidement vu à Paris. Néanmoins, lorsqu'à la fin de janvier parurent les documents diplomatiques destinés au Corps législatif français, le ministre italien n'eut pas lieu de trop mal augurer de l'avenir.

De ces documents, il ressortait que l'Autriche et l'Espagne ayant demandé à la France de tenter une démarche commune « pour faire face aux périls qui menaçaient de nouveau le Saint-Siége, » la France avait répondu par une adhésion apparente cachant une véritable fin de non-recevoir, puisque elle posait avant tout aux deux puissances la condition de reconnaître les faits accomplis : l'Autriche approuvant le renversement des archiducs, et l'Espagne le détrônement du Bourbon de Naples !

La seconde remarque à faire sur ces documents, de beaucoup la plus importante, a trait à la négociation engagée directement par la France pour amener la cour de Rome à une conciliation. En vain M. de Lavalette entoura-t-il ses offres des réserves les plus capables de couvrir l'amour-propre du Saint-Siége ; en vain rappela-t-il que déjà plusieurs États catholiques (le Portugal, la Belgique, le Brésil) avaient reconnu le royaume d'Italie : le cardinal Antonelli, parlant à ce diplomate, déclara que « toute transaction était impossible entre le Saint-Siégë et » ceux qui l'ont dépouillé. » Les réformes municipales même ne pouvaient se faire à Rome que lorsque les pays envahis par le Piémont auraient été restitués. « Le Saint-Père, dit le » cardinal Antonelli, ne fera aucune concession ; un conclave » n'aurait pas le droit d'en faire ; un nouveau pontife n'en » pourrait pas faire ; ses successeurs de siècle en siècle ne » seraient pas plus libres d'en faire. » Ces paroles, livrées à la publicité par le gouvernement français, ne pouvaient recevoir qu'une conclusion raisonnable : puisqu'on déclarait à la France en des termes aussi absolus que possible que ses plans de conciliation étaient chimériques, la France n'avait plus qu'à y renoncer en se retirant.

Ainsi raisonna le public européen tout entier : il sut plus tard que M. Thouvenel avait raisonné de même. Effectivement, une dépêche postérieure de ce ministre dit que si l'on persiste à Rome dans la théorie de l'immobilité, le gouvernement de l'Empereur devra « *aviser à sortir* d'une situation qui, en se » prolongeant au-delà d'un certain terme, fausserait sa politi- » que et ne servirait qu'à jeter les esprits dans un plus grand » désordre. » Les deux textes qu'on vient de lire servirent de base principale à la discussion dans le Corps législatif et dans le Sénat; et ni les paroles des orateurs prises dans leur ensemble, ni les discours de M. Billault, organe du gouvernement, ni les expressions des deux Adresses, ne purent affaiblir sérieusement l'espérance que nourrissaient les Italiens de conquérir bientôt leur capitale avec l'assentiment de la France.

Cependant, au moment où M. Billault, maniant la question romaine comme le fléau d'une balance, sommait le Piémont d'être modéré et patient, mais aussi gourmandait l'opiniâtreté de la cour pontificale, et la pressait de changer d'attitude si elle voulait éviter de plus grands désastres, à ce moment-là, disons-nous, M. Ricasoli tombait du pouvoir. On crut alors que si cette chute s'expliquait par certaines antipathies de palais, elle se rattachait aussi à certaines susceptibilités que la roideur du ministre avait excitées à l'étranger. Ce qui n'a pas été accordé aux sommations peu aimables de M. Ricasoli, un chef de cabinet plus avenant et moins hérissé de morgue patriotique l'obtiendra, disait-on. Le voyage de M. Rattazzi à Paris n'avait pas peu contribué à répandre les bruits de ce genre. M. Rattazzi passait pour avoir conquis en France la bienveillance universelle. Le monde officiel, le monde semi-officiel, une partie du journalisme libéral l'avaient entouré de prévenances et d'approbation. Le roi Victor-Emmanuel le désigna pour former un nouveau cabinet.

Ne nous perdons pas dans les détails, et indiquons uniquement ce qui est indispensable pour suivre le fil de la question romaine.

M. Ricasoli n'était pas tombé parce que la France tardait

trop à se rendre à ses pressantes instances : nous venons d'en donner la preuve; et, en réalité, on songeait si peu à désespérer les Italiens sur ce point, que ce fut peu après l'avènement de M. Rattazzi au ministère, que le général de Goyon reçut l'ordre de rentrer en France, mesure que l'opinion interpréta comme très significative contre le pouvoir temporel. En même temps, Garibaldi parcourait la Péninsule, chargé officiellement d'organiser des écoles de tir national, et le roi Victor-Emmanuel, entreprenant le voyage de Naples, déclarait dans plusieurs discours publics que si l'occupation de Rome comme capitale était pour ses sujets un désir, elle était pour lui *un devoir*.

La conviction générale de l'Europe tenait la papauté temporelle pour condamnée, et, sous l'influence de ce sentiment, lord Palmerston, du haut de la tribune anglaise, invitait la France à être logique jusqu'au bout et à retirer ses troupes. Les amis de M. Ratazzi à Paris se montraient pleins de confiance dans une solution prochaine. Ce n'était pas pour rien, disaient-ils, que cet homme d'État avait assisté parmi eux à un banquet où le principal toast fut porté à Garibaldi. Le parti d'action soutenait le nouveau ministre. Le gouvernement français n'avait rien à objecter contre un homme si attentif à lui plaire; la répugnance qu'inspiraient les prétentions de M. Ricasoli à l'indépendance n'existait plus. Non seulement la certitude d'un dénouement imminent dominait dans l'opinion publique, mais elle régnait évidemment aussi dans une partie des régions officielles de Paris. On peut même ajouter, ce nous semble, que le ministre des affaires étrangères, M. Thouvenel, la partageait. (Voir sa dépêche du 30 mai) ([1]).

Cependant la lenteur des événements émouvait la fibre irritable du parti d'action. Une affaire — restée obscure aujourd'hui encore, et qui se perd dans les mille bruits qui coururent pendant longtemps, tantôt d'une invasion de la Vénétie

---

([1]) Le discours que M. Thouvenel a prononcé devant le Sénat le 25 janvier confirme complètement cette assertion.

par Garibaldi, tantôt d'une descente du hardi général dans la Turquie européenne, — l'affaire de Sarnico, vint rompre le lien peu solide qui unissait le ministère et l'ancien dictateur de Naples. Dans la première quinzaine de juillet, la Russie et la Prusse, sollicitées par la France, reconnaissaient, avec d'assez notables restrictions, le royaume d'Italie. M. Ratazzi se montra très fier de ce succès diplomatique ; mais était-ce là ce qu'attendaient les patriotes italiens ? Quelques jour après, Garibaldi entrait ouvertement en campagne et donnait rendez-vous en Sicile à ses volontaires, avec ce cri pour devise : *Rome ou la mort!*

L'heure était solennelle et pleine de périls. Les amis les plus dévoués de Garibaldi tremblèrent en le voyant s'engager dans cette voie. Ni Medici, ni Bixio, ni Cozens, ni Turr ne consentirent à l'y suivre. Nous ne voulons pas entreprendre ici de donner notre interprétation de ce douloureux épisode. Nous en avons dit, sur l'heure, toute notre pensée dans un travail qui attira les rigueurs du pouvoir et qui les méritait sans doute. Remarquons seulement que nul ne fut plus surpris que nous de voir punir comme provocateur et anarchique un article qui, dans notre sentiment, contenait l'analyse exacte, impartiale, méthodique, des éléments qui composent la révolution italienne et des devoirs divers qui incombent à chacun d'eux.

Depuis, il a été démontré que Garibaldi n'avait jamais voulu tenter qu'une insurrection morale, constater authentiquement l'opinion de ses compatriotes à l'égard de Rome. Il tomba en défendant à ses volontaires de faire feu. Plus d'une fois, ceux qui, pendant sa course de Sicile en Calabre, lui communiquaient les actes du ministère, l'entendirent répéter « Je sais mieux que les ministres ce que veut le roi. » Sur tous ces faits plane un mystère que l'amnistie n'a point dissipé ; il faut attendre les éclaircissements. Quoi qu'il en soit, le nom d'Aspromonte représente un des souvenirs néfastes de la révolution italienne. Ne soyons pas ingrats pourtant : on a pu redouter de plus grands malheurs. Aussi, c'est une joie et une gloire d'avoir à constater que le vaillant soldat de Varèse a été conservé à sa patrie et à ses amis par l'habileté d'un chirurgien français.

A la veille d'Aspromonte, M. Ratazzi, toujours plein des illusions qui ont fait de son ministère une longue déception, affirmait que la folie seule de Garibaldi empêchait l'accomplissement des destinées de l'Italie vis-à-vis de Rome. La réponse ne se fit pas attendre.

Il venait de se fonder en France un journal uniquement consacré, il l'a dit lui-même, à redresser les déviations de notre politique dans la question romaine. Ce journal signifia au cabinet de Turin que pour compléter la victoire d'Aspromonte il devait tout d'abord rayer de son programme le vote du 11 décembre 1861, abandonner toute idée d'assimiler le royaume de Naples, et enfin modeler sa politique intérieure sur celle de M. Casimir Périer après 1830. Le ministre des affaires étrangères, M. Durando, ayant cru pouvoir, dans une dépêche énergique, réclamer le prix du gage que le gouvernement italien avait donné à la cause de l'ordre par les mains du colonel Pallavicini, la *France*, c'est de cette feuille qu'il s'agit, compara le langage diplomatique de M. Durando aux discours de Garibaldi, et annonça que, pour le cabinet de Paris, Aspromonte n'était nullement un pas fait vers l'unité italienne, mais au contraire le signal d'un mouvement de recul vers la politique de Villafranca. Il est vrai que la troupe des journaux officieux, habituée depuis six mois à parler du pouvoir temporel comme d'une chose condamnée, protesta contre la *France*. Une mêlée confuse et risible s'engagea entre le nouveau venu, qui se disait inspiré de bonne source, et les anciens, qui lui niaient tout droit à se poser en organe du gouvernement. Ces hésitations durèrent quelque temps. Tranchées d'abord dans le sens de la *France*, puis un peu plus tard dans le sens du *Constitutionnel* et du *Pays*, elles recommencèrent plus troublées que jamais le 25 septembre, quand le *Moniteur* publia une dépêche de M. Thouvenel accompagnée d'une lettre de l'Empereur. Il y avait, ou du moins on sut trouver des armes pour tous les camps dans ces deux documents. Enfin parut le décret qui changeait le titulaire du portefeuille des affaires étrangères. Le nom de M. Drouyn de Lhuys mit un terme au débat. La politique soutenue par la *France* l'emportait.

Quand M. Ratazzi, traînant péniblement le faix d'un pouvoir sans force morale, rouvrit le parlement de Turin, il put lire sa condamnation en texte authentique dans les colonnes du *Moniteur*. Dans sa dépêche du 30 mai, que nous avons déjà citée, M. Thouvenel disait à M. de Lavalette :

« Vous aurez à laisser pressentir, si l'on vous oppose aussi catégoriquement la théorie de l'immobilité, que le gouvernement de l'Empereur ne saurait y conformer sa conduite, *et que s'il acquérait malheureusement la certitude* que ses efforts pour décider le Saint-Père à une transaction fussent devenus inutiles, il lui faudrait, tout en sauvegardant autant que possible les intérêts qu'il a jusqu'ici couverts de sa sollicitude, aviser à sortir lui-même d'une situation qui, en se prolongeant au delà d'un certain terme, fausserait sa politique et ne servirait qu'a jeter les esprits dans un plus grand désordre. »

On sait si les renseignements ont manqué pour former la « certitude » dont il est question plus haut. M. Thouvenel restant au pouvoir, était donc mis en demeure « d'aviser à nous faire sortir »..... de Rome. M. Drouyn de Lhuys, au contraire, libre de semblables entraves, que répond-il au général Durando revendiquant les droits de l'Italie sur Rome ?

« En présence de cette affirmation solennelle et de cette revendication péremptoire, dit-il, toute discussion me paraît inutile et toute tentative de transaction illusoire. Je le constate avec un sincère regret, le gouvernement italien, par les déclarations absolues que je viens de rappeler, s'est placé sur *un terrain où les intérêts permanents et traditionnels de la France, non moins que les intérêts actuels de sa politique, ne nous permettent pas de le suivre.* »

Il est inutile de commenter ces deux textes ; leur éloquence consiste en ce que, mis en face l'un de l'autre, ils racontent en quelques lignes les longues vascillations qui ont occupé les esprits pendant toute l'année sous le nom de question Romaine. Accablé sous le *lasciate ogni speranza* de M. Drouyn de Lhuys, le cabinet Ratazzi tomba sans cris de triomphe de la part de ses vainqueurs, sans manifestation de regret de la part de ses amis. Pendant quelques jours, il y eut à craindre de voir le gouvernement constitutionnel italien tourner au gouvernement personnel. Les principes représentatifs l'emportèrent, grâce à Dieu, et aujourd'hui Victor-Emmanuel a un ministère parlementaire qui paraît vouloir principalement se préoccuper de donner — sans morgue et sans jactance, mais avec fermeté et résolution — une attitude indépendante à la politique italienne vis-à-vis des influences étrangères. La crise d'où est sorti le cabinet Farini aurait mérité, à notre avis, d'être étudiée et mise en relief mieux qu'elle ne l'a été par les écrivains plus spécialement dévoués aux principes monarchiques constitutionnels. Cette tâche ne nous regarde pas. Arrêtons donc ici notre esquisse de l'an 1862 en Italie; assurément, ce n'est pas après l'avoir lue qu'on nous blâmera d'avoir employé les mots placés au début de cet article : irrésolution, indécision, contradiction.

II

Au point de vue des intérêts moraux, il serait permis d'hésiter à dire laquelle des deux, de la question italienne ou de la question américaine, occupe le premier rang en importance. De chaque côté, la partie qui se joue est considérable, et la solution pèsera d'un poids énorme dans l'avenir du monde civilisé. Au point de vue des intérêts matériels, au contraire, l'hésitation n'est pas même possible. Des milliers d'hommes s'égorgent sur l'autre bord de l'Atlantique, des milliers d'hommes souffrent le froid et la faim en Angleterre et en France. Il n'est pas aussi vrai qu'on le dit que les misères de ces derniers proviennent exclusivement du manque de coton ; tout au moins faut-il ajouter que l'appauvrissement du marché le plus riche du monde en consommateurs pèse autant sur nous que la disette de matière première. Néanmoins, le désastre est immense. Ainsi que l'avaient si souvent prédit les hommes d'État américains, les orages qui agitent le Nouveau-Monde éveillent en Europe les plus douloureux contre-coups. C'est ici que l'an 1862 a bien cruellement manqué à ses promesses. Le mois de janvier s'ouvrit par la solution pacifique inattendue des difficultés qu'un acte injuste du commandant Wilkes avait fait naître. Une série de victoires remportées par les fédéraux, la prise de la Nouvelle-Orléans, l'occupation de presque tout le cours du Mississipi, donnaient à prévoir la fin prochaine de la guerre. Mais plus tard les vents tournèrent, et bientôt l'échec de Mac-Clellan devant Richmond ajournait à une date indéterminée la reprise des combats décisifs.

A quoi bon entreprendre l'énumération de ces alternatives de succès et de revers. Ce serait long et peu intéressant. Au fond, la lutte qui déchire la république américaine est aujourd'hui engagée de telle sorte qu'il est à craindre qu'elle ne se termine que par l'épuisement ou l'extermination. C'est une balance de forces à établir : De quel côté manquera-t-on le plus vite d'hommes, d'argent, d'armes, de provisions? Consultez les statistiques, considérez les situations géographiques respectives, et concluez. Quant à un arrangement amiable, chaque bataille, de quelque côté qu'elle soit perdue ou gagnée, en augmente l'impossiblité.

Dans le discours prononcé par l'Empereur à l'ouverture des Chambres, on lisait cette phrase : « La guerre civile qui désole » l'Amérique est venue gravement compromettre nos intérêts » commerciaux. Cependant, tant que les droits des neutres » seront respectés, nous devons nous borner à faire des vœux » pour que ces discussions aient bientôt un terme. » Ces paroles n'étaient pas exemptes de sécheresse, ni même d'une certaine menace ; cependant, elles ne faisaient pas prévoir ce qui a suivi. Pendant toute l'année, la presse gouvernementale n'a cessé d'exalter la cause du Sud et de semer à tout propos des bruits d'intervention imminente. Ces articles, émanant de journaux que l'on croit à l'étranger beaucoup plus « inspirés » qu'ils ne le sont réellement, jouaient auprès des partisans de la sécession le rôle de munitions morales. Le groupe d'hommes qui a entamé et dirigé la révolte des États à esclaves, avait basé ses calculs sur l'influence exercée en Europe par la royauté du coton. L'Angleterre ne pourra pas vivre trois mois sans nous reconnaître, disaient-ils ; la France l'imitera bientôt. Ce raisonnement, au plus haut point injurieux pour les deux puissances qui en étaient l'objet, s'est trouvé faux ; mais il ne s'est trouvé faux qu'à demi. On n'a pas reconnu la confédération cotonnière ni rompu le blocus, mais on lui a manifesté sous mille formes des sympathies et des encouragements, considérés par elle comme les préludes d'un appui plus palpable et plus efficace.

Supprimez l'espoir d'une complicité forcée de l'Europe, et la rébellion n'aurait pas même songé à naître ; suprimez la conviction qu'à Paris et à Londres c'est l'occasion propice et non le désir d'agir qui a manqué, et toute la force de résistance des gens du Sud s'évanouit devant l'impraticabilité de leurs propres plans. C'est dans une telle situation, c'est en de semblables conjonctures, que M. Drouyn de Lhuys a lancé sa note qui engageait la Russie et l'Angleterre à s'associer à la France pour proposer aux deux parties belligérantes un armistice de six mois. La Russie et l'Angleterre ont décliné cette proposition ; mais comment a-t-elle été comprise à Richmond ? Croit-on que Jefferson Davis n'y ait vu que ce que M. Drouyn de Lhuys y avait mis, à savoir de généreuses intentions dictées par de beaux sentiments d'humanité. Non ; les hommes d'État du Sud, alors que le ministre français écrivait : Trêve, suspension d'armes, lisaient entre les lignes et comprenaient : Tenez bon, nous finirons par aller à vous.

C'est parce que nous pensons ainsi, que, — tout en rendant pleinement hommage (¹) à l'esprit élevé, conciliant, généreux de M. Drouyn de Lhuys, — nous avons vivement regretté une démarche dont l'effet nous semblait aboutir à un résultat diamétralement opposé au noble but rêvé par le ministre. Au surplus :

Si nous ne croyons pas à la possibilité de la séparation ;

Si nous sommes convaincus que ce mot équivaut à l'émiettement indéfini des États américains, et, par suite, à mille petites guerres de frontières et de tarifs ; par suite aussi, à la perte à peu près totale pour l'univers commercial du plus beau champ de production, du plus énergique marché de consommation qui ait jamais existé ;

Si nous avons la ferme certitude qu'avant de signer un traité qui démembrerait l'Union et sonnerait le glas de toutes les gloires et de toutes les prospérités américaines, le Nord dépensera jusqu'à son dernier homme, jusqu'à son dernier écu, et il a beaucoup d'hommes (vingt millions), tous libres, et beaucoup d'écus ;

Si d'autre part nous tenons pour certain que le Sud, exalté

(¹) Nous n'éprouvons plus aujourd'hui les mêmes doutes qu'au commencement de l'année sur les vues réelles du cabinet français vis-à-vis de l'Amérique. Il nous paraît désormais avéré que ce cabinet est favorable à la Sécession.

par ses premiers succès, animé par le souvenir d'une domination longtemps exercée sur ses adversaires, convaincu de sa supériorité, et plein de mépris pour son ennemi, luttera sans relâche tant qu'il aura des ressources (elles doivent être bien diminuées par le blocus, par la non vente et la non culture du coton, par la fuite du bétail noir), tant qu'il aura des soldats (il les puise dans un total de huit millions d'habitants, desquels on oublie tous les jours de défalquer quatre millions de nègres);

Si nous sommes persuadés qu'à aucun prix et à aucune condition les hommes énergiques et indomptables qui mènent la rébellion ne consentiront à se soumettre, aujourd'hui surtout qu'ils ne le peuvent plus qu'en admettant de sérieuses modifications dans l'institution de l'esclavage;

Si, en un mot, reprenant ce qui a été dit plus haut et le complétant, nous pensons que désormais l'épuisement seul peut amener une solution, et que ce sont les confédérés que ce mal atteindra en premier lieu; si nous croyons tout cela, disons-nous, nous ne refusons pas néanmoins de comprendre que ces vérités, évidentes pour nos yeux, peuvent ne point frapper les yeux des autres.

Vous croyez à la séparation; soit. Eh bien! adoptez une politique en harmonie avec cette opinion. Reconnaissez les États confédérés, rompez le blocus, chargez-vous de patronner à la face du XIX° siècle une république dont les chefs proclament la servitude de toute une race d'hommes comme « la pierre angulaire » de la civilisation. Nous pourrons regretter d'avoir vécu pour assister à un tel spectacle; nous pourrons juger que vous souffletez cruellement cent ans de luttes soutenues par la plume et par l'épée, une longue et glorieuse tradition de philosophie, de progrès et de liberté; nous pourrons sourire un peu amèrement peut-être en vous voyant mépriser vos propres oracles [1] et défaire l'œuvre du grand capitaine que

---

[1] « Pour affranchir les peuples de la tyrannie commerciale de l'Angleterre, il faut la contrepoiser par une puissance maritime qui devienne sa rivale : ce sont les États-Unis. Les Anglais aspirent à disposer de toutes les richesses

vous aimez d'habitude à invoquer; mais au moins vous aurez une politique et non un système louche et ambigu où la menace se combine avec la sympathie dans le plus étrange amalgame; vous agirez, vous ne tergiverserez pas; et les événements marcheront plus vite vers leur conclusion telle quelle, tandis qu'actuellement vos hésitations les éternisent.

Pour gagner du temps, nous n'avons pas voulu suivre pas à pas les faits américains : le lecteur, hélas! n'y a rien gagné; au lieu d'exposer, nous avons disserté. Mentionnons pourtant le Message publié par M. Lincoln, à notre avis un des plus beaux morceaux de politique qui aient paru depuis longtemps. Il a eu le sort de beaucoup de belles choses: on ne l'a pas compris, et il paraît avoir mécontenté toutes les nuances. Quand plus tard ces affreuses tempêtes seront apaisées, l'historien qui entreprendra de les raconter rencontrera, enfoui sous une masse d'autres papiers, le Message du simple, du noble, de l'honnête, du vertueux Abraham Lincoln, et il admirera. Cet ancien garçon charretier lui paraîtra plus grand et plus glorieux qu'une foule de personnages aujourd'hui resplendissants, adulés et enviés.

du monde. Je serai utile à l'univers entier, si je puis les empêcher de dominer l'Amérique comme ils dominent l'Asie...

» En cédant la Louisiane, j'affermis pour toujours la puissance des États-Unis, et je viens de donner à l'Angleterre une rivale maritime qui tôt ou tard abaissera son orgueil. »

(Paroles de Napoléon en 1803, citées par M. E. Laboulaye dans sa brochure : *Les États-Unis et la France.*)

III

Restons dans le Nouveau-Monde; la guerre civile américaine n'est pas la seule question qui nous touche de près sur ce continent. En remontant vers le Midi, nous rencontrerons un pays où se déploie actuellement le drapeau français, où se verse le sang, où se dépense l'or de la France. Nous nous en tiendrons aux faits et aux textes pour tout ce qui touche à cette question mexicaine; nous le devons parce que le sujet est devenu délicat; nous le pouvons plus que tout autre journal, car sans faire parade de ses mérites, *la Gironde* a le droit de dire que ceux qui la lisent sont les lecteurs les mieux renseignés de France en ce qui se rapporte aux affaires du Mexique. Cela ne signifie pas pourtant qu'ils soient très complétement renseignés.

A juger par les pièces de la collection diplomatique distribuée en janvier dernier au Corps législatif, nous allions au Mexique pour obtenir réparation de griefs connus et articulés, et pour faire payer certaines sommes d'argent dues à nos nationaux. Un paragraphe de la convention de Londres, un passage des instructions données à M. Jurien de la Gravière, indiquaient cependant qu'au cas où les Mexicains voudraient profiter de notre présence pour acquérir un gouvernement stable et régulier, nous ne nous refuserions pas à les y aider. Tout d'abord, on parut espérer que l'expédition ne serait ni longue ni coûteuse. Les troupes alliées avaient obtenu des campements salubres de la complaisance des agents mexicains, et les plénipotentiaires avaient signé à Soledad un acte préliminaire qui posait les bases d'un arrangement amiable. Tout à coup, le bruit se répandit que l'amiral Jurien, signataire de l'acte de Soledad, était désavoué; le *Moniteur* confirma bientôt ce bruit en termes explicites, pour ne pas dire durs. Enfin, au mois d'avril, les représentants de la France rompaient avec ceux de l'Angleterre et de l'Espagne. Nous allions poursuivre seuls l'entreprise primitivement engagée de concert avec les Anglais et les Espagnols. On commença à s'alarmer sur la portée et les conséquences de cette affaire.

Cependant, trois mois plus tard, au moment de la discussion du budget, les documents officiels affichaient une confiance parfaite dans le peu de durée de la campagne. C'est ainsi qu'on lisait dans le rapport présenté, le 3 juin, au Corps législatif par M. Leroux :

« Nos espérances *et celles du gouvernement* sont que l'année 1862 verra finir l'expédition du Mexique. »

Et plus loin :

« La guerre, les expéditions lointaines, telles sont les grandes causes des découverts actuels. Les renouveler serait la négation de la réforme financière, ce serait livrer à l'imprévu les finances que tant d'efforts s'emploient à rétablir. Quelques bénéfices éloignés, un peu de gloire ajoutée à notre faisceau déjà si complet, ne compensent ni le fardeau ni le regret de charges nouvelles à demander au pays (1). »

Ces paroles contiennent un écho fidèle des bruits qui coururent alors et que les journaux officieux s'efforcèrent d'accréditer. Le gouvernement ne songeait pas en ce temps-là à renverser le pouvoir établi à Mexico; on ne repoussait pas avec indignation l'idée de traiter avec Juarez. Que dis-je ! N'avait-on pas traité avec lui et accepté à Orizaba les bons offices de ceux qui le représentaient. Cependant l'effectif de l'expédition, qui n'était au début que de deux mille hommes, avait été porté à sept mille. Le rapport présenté par M. O'Quin sur les crédits supplémentaires, déclara que 48 millions environ seraient affectés dans le service de la marine à l'expédition du Mexique et aux stations de l'Indo-Chine. Dans le service de la guerre, les frais

(1) Rapport fait au nom de la commission chargée d'examiner le projet de loi portant fixation du budget général des dépenses et des recettes de l'exercice 1862.

de cette même expédition étaient calculés, jusqu'à la fin de 1862, à une somme de 10,764,840 fr., « que votre commission » désire vivement ne pas voir dépasser, » insinuait le rapporteur. Il ajoutait :

« Votre commission a dû s'enquérir de la durée probable de l'expédition et des charges qu'elle fera peser sur nos budgets. L'honorable ministre, en faisant remarquer qu'il serait difficile de fixer dès aujourd'hui le chiffre des dépenses qu'elle doit entraîner, nous a exprimé l'espoir que l'effectif actuel du corps expéditionnaire suffirait pour atteindre le but poursuivi par la France. »

Cet espoir ne devait pas se soutenir longtemps.

C'est aux premiers jours de juin que M. O'Quin rédigeait le document d'où nous avons extrait les lignes précédentes ; avant la fin du mois, le même député était chargé de demander un supplément de 15 millions de francs pour ajouter aux frais déjà nécessités par l'expédition du Mexique. Dans l'intervalle de ces deux dates, le général Lorencez, dirigeant sur Mexico une marche d'abord victorieuse, avait éprouvé un échec à Puebla et s'était rabattu sur Orizaba pour y attendre des renforts. On connaît l'héroïque constance déployée par nos soldats dans ces difficiles conjonctures. Le travail du maréchal Randon sur ce sujet, publié dans le *Moniteur*, a été lu par toute la France. C'est alors qu'on annonça que l'effectif de l'expédition serait élevé à 20,000 hommes. Aujourd'hui, il en compte 40,000 ; plus, un corps de réserve établi à la Martinique. « C'est une » longue et difficile guerre qui commence ; aveugle qui ne le » voit pas, » disait une lettre que nous citions il y a peu de jours.

Quant à l'histoire financière de l'expédition, nous l'avons racontée avant-hier, avec les chiffres fournis par M. Fould : 84 millions, sans compter les éventualités nouvelles, tel est le montant des frais de la guerre mexicaine. Selon nous, une fausse appréciation des faits, du pays et des hommes a guidé notre politique en toute cette affaire ; mais là encore, le principal défaut, celui qui saute aux yeux, consiste dans l'absence d'un dessein bien arrêté, dans le manque de vues bien fixes au début de l'entreprise. Si en signant la convention de Londres nous avions su que nous voulions modifier la forme du gouvernement des Mexicains, leur enseigner, comme l'entreprend aujourd'hui le général Forey, la vertu, l'honnêteté, la justice, l'hygiène et la salubrité, nous n'aurions pas embarqué pour la Vera-Cruz d'abord 2,000, puis 7,000, puis 20,000, puis enfin 40,000 hommes. Nous aurions du premier coup expédié une armée capable de conquérir un territoire beaucoup plus grand que la France, et suffisamment nombreuse pour y maintenir une bonne administration et une bonne police. A cette condition, peut-être nos projets de régénération seraient-ils actuellement parvenus à leur point de maturité.

IV

Nous voudrions en finir avec les parties de l'histoire de l'an 1862 où les jeux de la force tiennent le princiral rôle. Sous ce rapport, le tableau de l'Orient européen peut servir de transition, la violence ne s'y trouvant mêlée qu'assez modérément aux mouvements plus doux de l'habileté et de la ruse diplomatiques. C'est bien, en effet, une révolution que ce subit changement à vue qui a renversé le roi Othon; mais c'est une révolution accomplie dans des circonstances tellement anodines, qu'un seul homme, dit-on, a péri. Tout le long de l'année avaient couru des rumeurs de révolte et de guerre à propos des populations chrétiennes voisines de la Turquie. Pendant longtemps les peuples de la Montagne-Noire et du bas Danube attendirent l'arrivée toujours imminente, mais jamais réalisée, de Garibaldi. En fin de compte, nous voici en décembre, et sauf la petite guerre de l'Herzegovine, l'Orient européen serait resté calme si, dans le milieu d'octobre, les Grecs, après plus d'un quart de siècle de patience, n'avaient jugé opportun de se débarrasser de leur roi bavarois.

La question orientale ainsi rouverte d'une façon inopinée n'a d'ailleurs jusqu'ici servi qu'à fournir au Mathusalem de la politique, à lord Palmerston, une occasion de donner les plus vertes preuves d'une prestesse consommée et *d'une ardeur octogénaire qui ne s'éteint pas.* Les faits sont trop récents pour qu'il soit nécessaire de les exposer dans leur filiation. Le protocole de 1830, d'abord menacé par la Russie, et, disait-on aussi, par la France, a repris toute sa fraîcheur sous l'influence de la candidature réussie du prince Alfred. Les Grecs gagneront à cette partie d'échecs l'annexion des îles Ioniennes. Mais quel sera leur roi ? La difficulté de répondre à cette interrogation remet en honneur à Athènes une forme de gouvernement qui autrefois tint assez convenablement sa place dans les pays helléniques. Par malheur, la liberté laissée aux Grecs, de choisir eux-mêmes leur gouvernement ressemble beaucoup à la liberté de la presse décrite dans le monologue de *Figaro*. Dans toutes ces complications, le gouvernement français a gardé l'attitude paisible et honorable d'un spectateur que les affaires de l'Amérique méridionale intéressent beaucoup plus que la question d'Orient.

V

La Russie, elle non plus, n'a pas exercé sur la révolution grecque l'influence que ses anciennes prétentions permettaient de lui attribuer. Il existe des motifs nombreux et complexes pour donner la clef de cette impuissance succédant à une pression autrefois si active; mais celui qui les domine tous, c'est l'état intérieur du grand empire des Czars. « La Russie se recueille » écrivait en 1857 le prince Gortschakoff. Il y a des moments où l'on est tenté de dire : Non, la Russie ne se recueille pas, elle se dissout. Hâtons-nous d'ajouter cependant que rien ne ressemble à une dissolution comme une transformation : Or, depuis l'avénement d'Alexandre II, le vieux despotisme moscovite fait des efforts extraordinaires pour se transformer en un régime légal, régulier, humain, faisant une place égale à la liberté et à la dignité de tous ses sujets. Il ne se passe pas de trimestre sans que les journaux ne nous apportent quelque règlement nouveau, saupoudré, plus ou moins logiquement, mais avec une bonne volonté évidente, des principes empruntés à la civilisation occidentale. La Russie veut cesser d'être mongole; elle veut entrer dans le cercle de la famille européenne, non plus par la force des armes, mais par la communauté des échanges, des usages, des mœurs et des lois. De là, ce spectacle étrange et souvent peu rassurant d'un peuple qui coupe sa tradition nationale en morceaux et la jette dans la chaudière de Médée pour la rajeunir. Il faudrait se borner à contempler, à étudier et parfois à applaudir. Malheureusement, Alexandre II, le libérateur des serfs, garde à l'égard des Polonais une conduite qui ne diffère pas beaucoup de celle de son père de sinistre mémoire. Comment juger de sang-froid les réformes qu'il tente à Saint-Pétersbourg, lorsqu'on a présent à l'esprit l'état des populations polonaises, lorsqu'on entend la plainte des foules égorgées dans les rues et dans les églises de Varsovie au bruit de l'antique chant national : « Dieu, » rends-nous la patrie, rends-nous la liberté (¹). »

(¹) Au moment où nous réimprimons ces lignes, l'explosion provoquée par la loi sur le recrutement vient donner cruellement raison aux réserves que nous avions posées à l'égard du libéralisme russe.

VI

Certes, si on appliquait aux faits précédents la pierre de touche qui nous sert de guide dans ce voyage à travers l'an 62, on trouverait que le czar tombe autant que personne sous le coup du reproche d'indécision et d'irrésolution. Il ne sait pas bien fermement ce qu'il veut, ou il veut des choses contradictoires et incompatibles. Mais qui plus que le roi Guillaume de Prusse donne prise à cette accusation?

Voici un souverain populaire, honnête, incapable de violer sciemment la Constitution qu'il a jurée : son avènement au pouvoir comme régent a été un signal d'espoir et de renaissance; son avènement au trône comme roi a marqué la résurrection de la vie politique en Prusse; on l'aime, on le respecte, et les progressistes eux-mêmes, si bizarrement transformés en jacobins par la *France*, le journal des coups d'État, ne laissent passer aucune occasion favorable de crier : Vive le roi! Seulement, si les Prussiens voient Guillaume Ier d'un très bon œil, ils haïssent le militarisme; ils ne veulent pas qu'on installe chez eux la prépondérance d'une armée dont les chefs sont presque exclusivement recrutés dans une aristocratie sans grandeur, hostile à toutes les idées modernes. La constitution leur met en main les cordons de la bourse, ils sont résolus à les bien tenir pour empêcher qu'on ne change un système militaire, national et populaire, très bien organisé pour la défense du territoire, en un instrument de conquête; le roi sait que la lettre et l'esprit du Statut fondamental sont pour les représentants élus; il veut respecter le statut, et néanmoins il veut aussi poursuivre son plan de réorganisation repoussé par la Chambre. Dieu le garde de songer à violer la Constitution! Il demande seulement que la Constitution ne soit pas tournée contre sa « prérogative royale, » voilà tout. En d'autres termes, il rêve d'être roi constitutionnel et roi absolu tout à la fois, ses sujets ayant *le droit* de voter les impôts, pourvu qu'ils n'usent de ce droit que pour approuver les vues et les désirs du gouvernement. S'ils en usent pour désapprouver, ils sont factieux; le pouvoir royal n'existe plus; autant vaudrait proclamer la république.

Depuis le mois de mars, époque où naquit le conflit, jusqu'au présent mois de décembre, Guillaume Ier n'a pas cessé de donner des preuves de sa bonne foi et de son entêtement. On dirait qu'il marche au coup d'État sans le voir. L'incroyable contradiction qu'implique son attitude lui échappe; il croit à sa bonne cause, comme Charles X croyait à l'article 14. D'un autre côté, la majorité libérale du pays n'éprouve aucune hésitation: elle sait parfaitement ce qu'elle veut, elle le veut fermement et agit en conséquence. Le roi a beau lui dire qu'elle empiète sur les droits qu'il tient de la grâce de Dieu, elle répond dans les élections générales du mois de mai en renforçant de plusieurs chiffres le nombre des députés libéraux. « Il s'agit, disait un ministre à la veille de convoquer les électeurs, de savoir si la Prusse est pour le pouvoir royal ou pour le pouvoir parlementaire. » La Prusse a résolu ce problème en établissant aussi clairement que possible qu'elle était pour la Constitution, qui admet l'autorité du roi et le sérieux contrôle du Parlement.

A n'apprécier l'avenir que par les faits positifs, on pourrait croire que M. de Bismark et son royal maître sont résolus à passer outre et à prélever des impôts non votés, puisque les représentants ne doivent se réunir que le 12 janvier. A cette date, le budget de 62 sera dépensé sans avoir été approuvé; celui de 63 sera engagé sans avoir été soumis à la Chambre. Les discours intarissables que le roi ne se lasse pas de prononcer semblent confirmer d'ailleurs ces prévisions. Guillaume Ier se complaît en récriminations contre les députés progressistes; il verse tous les jours ses confidences à ce sujet dans le sein des députations rustiques que les hobereaux de la Chambre des Seigneurs raccolent parmi leurs vassaux. C'est là un nouveau et triste point de ressemblance avec les procédés du roi Charles X, dont le nom se présentait tout à l'heure sous notre plume. Sans vouloir forcer plus que de raison ces rapprochements, nous terminerons notre historique des affaires de Prusse par la citation suivante :

« Un député, membre de la députation qui est venue féliciter Sa Majesté sur la prise d'Alger au nom des forts de la Halle et des ouvriers du port, s'est écrié au moment où le roi passait près de lui : « Sire, le charbonnier est maître dans sa loge; » croyez moi, soyez aussi maître chez vous. » Le journal ministériel qui conte cette petite anecdote, ajoute que Sa Majesté a souri et que le mot a fait fortune dans tout le château, *comme on le pense bien.*

» Ainsi, voilà un petit pendant trouvé à l'adresse des 221... Voilà qui caractérise la situation désespérée de nos contre-révolutionnaires. Quand on s'est mis en opposition avec l'esprit public dans un pays, quand on ne peut s'entendre ni avec les Chambres qui le représentent légalement, ni avec les organes tout aussi légaux que lui fournit la presse, ni avec la magistrature indépendante qui ne relève que de la loi seule, il faut bien trouver dans la nation une autre nation que celle qui lit les journaux, qui s'anime aux débats des Chambres, qui dispose des capitaux, commande l'industrie et possède le sol. »

Ces lignes sont extraites de la collection des articles d'Armand Carrel dans le *National;* elles portent la date du 22 juillet 1830. Le roi Charles X suivit le conseil du charbonnier. Que le roi Guillaume Ier se souvienne de ce qu'il advint !

VII

Quand on ne considère les événements que dans le moment où ils se produisent, on peut croire que la liberté ne punit pas toujours ceux qui l'abandonnent ou la trahissent, pas plus qu'elle ne récompense toujours ceux qui la servent. Cependant elle a le bras long, et souvent ses vengeances sont d'autant plus terribles qu'elles se sont fait plus longtemps attendre : témoins les États-Unis, qui paient aujourd'hui cruellement le crime de l'avoir méconnue dans la race noire pendant quatre vingts ans. Le roi de Prusse, mise à part l'éventualité d'une solution violente, qui, nous l'espérons, ne se réalisera pas, fournit un exemple tout contraire. Ce n'est qu'hier qu'il a commencé à méconnaître les principes libéraux, et déjà il subit un premier châtiment. Au début de son règne, convergeaient vers lui toutes les ardeurs, toutes les espérances du vaste mouvement unitaire qui agite si profondément la Confédération germanique. Aujourd'hui, les partisans de l'unité ont bien conservé toutes leurs sympathies pour les libéraux de la Chambre berlinoise, mais il ne se soucieraient nullement de confier l'hégémonie de la patrie allemande à un roi entiché d'idées rétrogades et surannées, qui prend pour ministres des hommes tels que M. de Bismark.

Par un contraste instructif, pendant que le gouvernement prussien baisse dans les sympathies germaniques, le gouvernement autrichien gagne faveur, par cela seul qu'il est entré dans la voie des réformes libérales. Jusqu'où ira-t-il sur ce chemin de l'avenir, malheureusement obstrué pour lui de difficultés de races et de nationalités ? Il est impossible de le prédire. La question hongroise s'est maintenue stationnaire pendant toute l'année 1862. Or, l'organisation de la « jeune Autriche, » comme elle s'appelle elle-même, ne peut s'asseoir sur des bases stables que lorsque aura été fixée à la satisfaction commune la situation des Hongrois.

VIII

Nous aurions encore beaucoup à dire sur l'histoire extérieure de l'an 1862. Même en laissant de côté les questions mineures comme celle de la Hesse ou du Schleswig-Holstein, même en ne touchant pas à ces heureux pays, la Suède, la Belgique, la Hollande, la Suisse, qui se contentent de vivre libres sans prendre part aux guerres, aux expéditions lointaines et aux conférences diplomatiques, il nous resterait à suivre le mouvement politique en Angleterre et en Espagne. Pour l'Angleterre, son histoire est si intimément mêlée à tous les faits importants, que nous avons eu à parler d'elle en même temps que de la France lorsque nous avons abordé les questions d'Italie, d'Amérique, du Mexique et de Grèce. Quant à l'Espagne, son activité ayant roulé presque exclusivement depuis douze mois sur un unique pivot : l'affaire mexicaine, c'est un sujet réservé ; nous y reviendrons aussitôt que le *Moniteur officiel français* aura publié *in extenso* le discours du général Prim. — Maintenant, plions notre mappemonde, afin de consacrer tout le temps et tout l'espace qui nous restent à l'histoire intérieure de la France, aux faits, gestes et discours du peuple français chez lui.

IX

Avant la publication du décret du 24 novembre 1860, c'était une tâche facile et peu compliquée que de décrire la vie intérieure de la France. Il suffisait pour cela de compulser le *Moniteur* et d'enregistrer les faits officiels et les paroles officielles. Des deux Assemblées délibérantes créées par la Constitution, l'une fonctionnait dans un secret à peu près absolu; l'autre ne se faisait connaître que par une publicité restreinte et assourdie. Le décret de novembre, en rendant la parole aux deux tribunes, a changé la face des choses. Aujourd'hui, ce ne sont plus les libertés qui manquent aux orateurs : ce sont plutôt les orateurs qui manquent aux libertés; ceci, bien entendu, en faisant de légitimes réserves pour l'activité laborieuse et courageuse du petit groupe qui représente la cause libérale au Corps législatif. Si les débats ont été incomplets, si les ministres organes du gouvernement n'ont pas toujours fourni toutes les explications et toutes les lumières qu'on avait le droit de réclamer d'eux, c'est uniquement parce qu'il n'existe pas à la Chambre un corps d'opposition composé de talents assez nombreux et de nuances assez variées pour épuiser les sujets au lieu de les effleurer, et diriger jusqu'au bout la stratégie de la discussion. Il appartient au pays de combler cette lacune; avant peu, les électeurs seront mis en mesure d'y pourvoir.

Il est tellement vrai que les libertés constitutionnelles, fussent-elles très imparfaites, sont la meilleure sauvegarde de la bourse du peuple, qu'il a suffi d'une seule discussion de l'Adresse, reproduite par la publicité européenne du *Moniteur*, pour engendrer ce qu'on a appelé la « réforme financière du 14 novembre. » Le Corps législatif, par la bouche de ses membres les plus conservateurs, avait réclamé que la spécialité fût introduite dans le vote du budget. Le rapport publié en janvier par M. Fould ne donna pas satisfaction à cette requête, qui exprimait un des besoins essentiels de tout gouvernement libéral; il annonçait l'abandon fait par le pouvoir du droit d'ouvrir des crédits pendant les vacances législatives. Quoi qu'en ait pu dire le ministre des finances, cette substitution n'était pas plus un équivalent du vote du budget par chapitres et articles, que la discussion de l'Adresse n'est une compensation réelle du droit d'interpellation. Néanmoins, ces deux mesures sont des pas en avant, et elles porteront leurs fruits. En essence, elles signifient que le régime consultatif pratiqué depuis dix ans n'est plus jugé suffisant par ceux-là mêmes qui l'ont créé; elles inaugurent la renaissance, timide mais sérieuse, du régime représentatif. C'est une lutte de deux principes contraires, l'un longtemps triomphant et qui faiblit, l'autre longtemps étouffé et qui se relève. Appliquons donc ici notre formule générale sur l'indécision et les contradictions du moment actuel. Mais nous espérons que dans le combat de ces deux adversaires mis en présence en dépit de la logique par on ne sait quel courant irrésistible, le bon principe finira par l'emporter. Nous l'espérons surtout quand nous reviennent en mémoire l'animation, la vivacité, l'ardeur des débats de la dernière Adresse. Ce droit de parler rendu aux représentants a beau être dépourvu de sanction; les discours prononcés ont beau n'être que des conseils que le gouvernement est maître de ne pas suivre, le public les écoute, l'opinion se forme, et l'opinion est une force, n'en déplaise à M. Émile de Girardin.

Les paroles d'espoir dans l'avenir sont particulièrement de mise lorsqu'on n'a pas lieu d'être trop satisfait du présent. Nous disont cela en pensant aux résultats immédiats produits par les débats du Sénat et du Corps législatif. La question romaine, cause principale de l'activité qui régna dans ces discussions, avait eu, entre autres effets heureux, celui de susciter à la liberté de la presse des partisans parmi les soutiens du gouvernement et parmi les membres de la majorité catholique. On entendit un réactionnaire à tous crins M. Ségur d'Aguesseau, un ancien préfet de police M. Piétri, un conservateur prononcé M. Plichon, un clérical décidé M. Lemercier, etc., etc., réclamer contre le décret organique, contre l'autorisation préalable, contre les avertissements. Par malheur, la parole de ces nouveaux convertis n'eut pas le don d'ébranler les ministres sans portefeuille. En vain l'émotion qui, à la suite des séances orageuses, se communiquait des Chambres au pays, indiquait-elle l'urgence de mettre la situation des organes libres en harmonie avec les organes élus de la nation : MM. Billault et Baroche répliquèrent par des déclarations et des fins de non recevoir dont la netteté ne laissait rien à désirer. Sous ce rapport, soyons juste, le reproche d'irrésolution et d'hésitation ne peut pas être appliqué à la conduite du gouvernent. Le décret organique sur la presse est excellent et laisse aux journaux une liberté suffisante; la loi de sûreté générale est utile et l'administration la maintiendra; l'influence des préfets en matière électorale ne s'exerce que dans une sage mesure et est indispensable à la sécurité et au bon ordre. Tel fut, sur tous les points touchant à une plus grande extension de liberté, le langage parfaitement précis des ministres sans portefeuille.

Sur ce terrain, comme sur celui des concessions à faire en Italie, l'espèce de guerre civile survenue entre les partisans purement conservateurs et les partisans à tendances révolutionnaires du gouvernement, engendra donc plus de bruit que de besogne. Le pouvoir temporel du pape n'en a pas été atteint et les institutions libérales n'y ont rien gagné. Il serait curieux du reste d'étudier avec étendue le mouvement qui, tantôt à propos de la Société Saint-Vincent de Paul, tantôt à propos de l'Italie, agita et divisa les rangs compactes et ordinairement bien disciplinés du camp gouvernemental. Mais pour se livrer à ce travail, il faudrait non seulement enregistrer les faits produits au grand jour de la tribune, mais aussi noter les luttes cachées qui se traduisirent plus tard par la création du journal la *France*, et firent croire, au moment où M. Thouvenel quitta le ministère, à une dislocation de cabinet comme on n'en voit d'habitude que dans les pays constitutionnels. Un tel examen n'est pas possible. Contentons-nous des simples indications qui précèdent. Pour compléter le résumé des débats de l'Adresse, disons seulement qu'à cette même époque le pape convoquait à Rome tous les prélats de la catholicité pour assister à la canonisation des martyrs japonais. Le *Moniteur* publia une note rappelant les articles du concordat qui interdisent aux évêques de sortir de France sans l'agrément préalable du gouvernement. Ce petit succès des anti cléricaux fut quelques jours après contrebalancé par la subite fermeture du cours de M. Renan, qui venait de débuter dans sa nouvelle carrière au grand applaudissement de la jeunesse des Écoles.

X

En dehors des Adresses, dont le double texte fut voté par le Sénat et par le Corps législatif tel qu'il avait été rédigé par les commissions, sans adjonctions ni retranchements, il faut, avant de parler de la discussion du budget, mentionner les débats sur la conversion des rentes et sur la dotation du général de Montauban, comte de Palikao. A la première lecture du projet de loi qui accordait au commandant de l'expédition chinoise une pension de cinquante mille francs à perpétuité et reversible de mâle en mâle, le Corps législatif avait donné des marques très claires de sa désapprobation. Une lettre de l'Empereur intervint, mais sans succès, et la commission nommée pour l'examen de la loi rédigea un rapport qui concluait au rejet. Ce fut un moment héroïque pour le Corps législatif. Un conflit paraissait inévitable entre les représentants et le chef de l'État. Une seconde lettre de l'Empereur mit fin à cette situation extrêmement tendue. Elle annonçait le retrait du projet et la présentation sous bref délai d'une nouvelle loi étendant le système des dotations à tous les grades des armées de terre et de mer. Si cette loi arrive pendant la session prochaine devant le Corps législatif, assurément elle sera repoussée, car tous les arguments dirigés par M. de Jouvenel contre le projet Palikao s'appliquent à elle. Ou bien, si elle est acceptée, il faudra croire que ce n'est ni par respect pour le Code qui interdit les majorats, ni par répugnance pour les récompenses pécuniaires substituées aux récompenses honorifiques, ni par goût pour l'économie que nos députés ont refusé de voter les cinquante mille francs de rente destinés au général Montauban.

Nous avons déjà plusieurs fois parlé du fameux Mémoire de M. Fould, rendu public à la fin de l'année précédente; s'il y avait dans ce Mémoire un point qui parût bien nettement arrêté, c'était la nécessité de réduire la dépense des armements

sur terre et sur mer. M. Fould montrait d'abord la déplorable influence exercée en Europe par l'exagération de nos forces militaires. « Devant l'étranger, disait-il, si le pouvoir de dispo-
» ser, à un moment donné et sans intermédiaire, de toutes les
» ressources d'une grande nation est une force, il est aussi un
» danger. La crainte qu'il inspire à tous nos voisins, les oblige
» à des armements immenses. Ils ne se rassurent qu'en voyant
» des forces supérieures à celles dont ils se croient menacés et
» que leurs inquiétudes exagèrent encore. Aussi cette crainte
» est-elle peut-être aujourd'hui le seul lien qui unisse toujours
» dans un sentiment commun les populations de l'Europe, que
» leurs institutions et leurs intérêts tendraient à séparer. Il n'y
» a pas de calomnie absurde qui ne soit accueillie, pas de projet
» sinistre qui ne trouve créance parmi elles. » Après avoir ainsi caractérisé les inconvénients du système de la paix armée que nous avons mis à l'ordre du jour et que les autres peuples imitent bon gré mal gré, M. Fould développait les heureux fruits que produirait un désarmement partiel, en disant : « Les
» populations ne verraient plus augmenter annuellement les
» charges qui les excitent contre la France et dont on essaie
» de faire remonter l'odieux jusqu'à l'Empereur. »

Que fallait-il arguer de plus pour obtenir une réduction de nos dépenses militaires? Qui donc, ayant lu ces lignes dans le *Moniteur*, ne se serait pas cru autorisé à jurer qu'on allait diminuer d'une part les services du budget de la guerre, de l'autre le chiffre du contingent annuel levé en vertu de la loi sur la conscription? Il n'en fut pas ainsi pourtant. Le contingent demandé au mois de mars s'élevait, comme en 1861, à cent mille hommes, et comme en 1861 aussi le Corps législatif approuva le projet avec un complaisant empressement. Quant au budget de la guerre, — le seul avec celui de la marine où l'on puisse exécuter des réductions sérieuses, — proposé par le gouvernement à 397 millions, tous les efforts de la commission aboutirent à rogner *cinq* millions. Le chiffre maintenu fut donc 392 millions. La dépense totale approuvée pour la marine et la guerre réunies s'éleva à 557 millions.

Nous ne voulons pas entreprendre un récit détaillé de la discussion budgétaire qui s'engagea le 19 juin et fut close le 27. Nous la résumerons en quelques lignes. Dans le rapport présenté par M. Leroux au nom de la commission, rapport que nous avons cité plus haut à propos de l'expédition du Mexique, l'auteur s'écriait : « L'économie, partout, l'économie toujours, » *telle est la règle proclamée;* et ce qu'elle produira de bon est » aussi incalculable que la somme de maux que cause son » oubli.... L'économie, tel est donc le but, la conséquence, et » notre premier devoir est de ne rien épargner pour y » arriver. » Cette « règle proclamée » dont le rapporteur parle avec tant de chaleur, a-t-elle été respectée ? Voici la réponse :

Le budget de 1862 s'élevait à *dix-neuf cents millions;* — celui de 1863 s'élève à *deux milliards soixante-quatre millions.*

Lorsque le Corps législatif se sépara à la fin de juin, après une session de six mois dont la moitié s'était écoulée dans une inactivité à peu près absolue, il parut clair à tous les yeux que la réforme financière de M. Fould laissait beaucoup à désirer. On comprit surtout que, pour seconder les vues d'économie si éloquemment exposées par le ministre, il fallait une Chambre nouvelle, non entravée par des habitudes prises et des précédents incommodes. On se prépara de tous côtés aux élections. De mois en mois, les bruits relatifs à une prochaine convocation se produisirent, furent démentis et se reproduisirent de nouveau. Hier encore, c'est-à-dire à la veille du décret qui fixe au 12 janvier l'ouverture de la session, on s'obstinait à croire que la lutte électorale allait avoir lieu. Mais décidément 1862 n'aura pas vu s'acccomplir ce renouvellement important qui doit sans aucun doute peser d'un très grand poids dans les destinées de notre pays.

XI

En jetant un coup-d'œil sur nos notes, nous trouvons au compte de l'année 1862 plusieurs faits qu'il ne nous est plus loisible, faute de temps, de commenter dignement. En janvier, M. Saint-Marc Girardin est qualifié de « factieux » dans un avertissement donné au *Journal des Débats*. M. Véron quitte sans tambour ni trompette le *Constitutionnel*, où il était rentré en décembre avec grand fracas. M. le maréchal Magnan est nommé chef de la Franc-Maçonnerie française et s'apprête à faire connaître à cette institution les bienfaits de l'unité. Il rencontrera plus tard sur sa route M. Viennet, qui lui prouvera, qu'en dépit du temps, la plume vaut parfois encore l'épée, et qu'un général peut être vaincu par un académicien. — En février, les étudiants sifflent *Gaëtana* et publient plusieurs journaux où le talent et les nobles idées abondent. Ces journaux ne vivront pas longtemps : ils succombent sous la loi de l'autorisation et sous les amendes. — En mai, un projet de loi modifiant le code pénal dans le sens de l'aggravation de la répression et de la diminution du rôle du jury, est critiqué par la presse et retiré par le gouvernement. L'année ne s'écoulera pas sans que les affaires Doize et Fleury ne viennent prouver que si notre législation criminelle a besoin d'être amendée, c'est dans le sens de la douceur et de l'humanité. — En juillet a lieu le voyage de l'Empereur en Auvergne. M. de Morny fait un discours resté célèbre, sur la légende napoléonienne parmi les descendants de Vercingétorix. Il est nommé duc. — En août, le ministre de l'intérieur institue un « directeur de la presse; » jusque-là, il n'y avait eu qu'une direction embrassant la librairie, l'imprimerie, etc. A l'avenir, les journaux jouiront de l'avantage d'avoir un directeur pour eux tout seuls. — En septembre, M. Pasquet essaie de prouver, la Constitution en main, que Paris doit avoir 16 et non pas 9 représentants au Corps législatif. Une consultation signée de presque tout le barreau de Paris et par beaucoup de barreaux de province vient appuyer la thèse de M. Pasquet. Le ministre de l'intérieur met fin à la polémique par un *avertissement* donné au journal le *Siècle*. — En octobre et novembre, les nouvelles sur l'état de souffrance et de misère des ouvriers des départements manufacturiers, arrivent enfin à être publiées par les journaux. Une souscription est ouverte. — En décembre, M. de Girardin reprend la rédaction de la *Presse*. La *Gironde* lui prédit le sort de M. Véron.

Plusieurs heures déjà avant que nous eussions fini d'écrire, l'an 1862 était arrivé à son terme; puisque le voilà tombé dans l'histoire, salut à l'an 63 qui vient de naître. — Puisse-t-il te porter la paix, la joie et la santé, ami lecteur.

31 décembre 1862.

Bordeaux. — Imprimerie G. Gounouilhou, rue Guiraude, 11.

www.ingramcontent.com/pod-product-compliance
Lightning Source LLC
Chambersburg PA
CBHW060512050426
42451CB00009B/938